AF258603

RECUEIL

DE QUELQUES

DISCOURS

PRONONCÉS

DANS LA CATHÉDRALE DE GAND,

EN 1810 ET EN 1811,

Par *M. J. DE BAST*,

Chanoine de la Cathédrale et Curé de St.-Nicolas
à Gand, membre correspondant de l'Institut Royal
de Hollande, et de plusieurs Académies.

A GAND,

Chez A. B. STÉVEN, Imprimeur-Libraire,
Marché aux Grains.

ORAISON FUNÈBRE

DU

DUC DE MONTEBELLO,

Prononcée le 6 Juillet 1810.

———

Dixit quoque Rex ad servos suos: num ignoratis quòniam Princeps et maximus cecidit hodie in Israel?.... Plangensque ac lugens ait: nequaquam, ut mori solent ignavi, mortuus est.

Le Roi lui-même, touché de douleur et versant des larmes, dit à ses serviteurs : ignorez-vous qu'un Prince est mort, et que dans sa personne nous venons de perdre un des plus grands hommes d'Israel?.... Il est mort, mais non pas comme les lâches ont coutume de mourir. L. 2. Reg. cap. 3, ℣. 33 et 38.

AINSI parla David dans le moment où il apprit la funeste mort d'un Prince, qui avoit commandé avec honneur les armées du peuple d'Israel: et c'est par l'application la plus heureuse des paroles de l'Écriture, que je pourrois faire l'éloge du Duc de Montebello, et rappeller les termes nobles et expressifs, dont notre auguste Empereur s'est servi, en donnant l'essor à sa douleur sur la mort de ce grand Capitaine. Comment pourrions - nous, après ce témoignage illustre et solemnel, ignorer la grandeur de la perte que la France a faite dans la personne de ce héros? quand un grand Monarque l'a vivement ressentie, et qu'il a bien voulu s'en expliquer avec des marques si particulières de sa tendresse et de son estime ; quand toute l'Europe l'a publiée ; et que les nations ennemies du nom Français ont confessé hautement, que celui que la mort nous a enlevé, étoit pour elles un adversaire aussi redoutable qu'il étoit digne d'admiration? Comment pourrions-nous l'ignorer à la vue de ces apprêts d'une pompe lugubre, de ces appareils d'une triste magnificence , lesquels en nous avertissant que Montebello n'est plus, nous rappellent le souvenir de ce qu'il a été ; et qui au milieu du silence bien plus touchant que les plus éloquens discours, semblent encore aujourd'hui nous dire : *ignorez-vous qu'un illustre guerrier est mort, et que dans sa personne nous venons de perdre un des plus grands*

hommes de la France ? Num ignoratis quo-
niam Princeps et maximus cecidit ? (1)

Quelle matière fut jamais plus disposée à recevoir tous les ornemens d'une grave et solide éloquence, que les actions et la mort *de son Excellence Monseigneur le Duc de Montebello, Jean Lannes, Maréchal de l'Empire, ancien Colonel-Général des Suisses, Ministre Plénipotentiaire en Portugal, Grand-aigle de la Légion-d'Honneur, Grand'-croix de l'Ordre de St.-André de Russie ?*

Où verra-t-on briller avec plus d'éclat les effets glorieux de la vertu militaire ? Conduites d'armées, siéges de places, prises de villes, passages de rivières, attaques hardies, retraites honorables, campemens bien ordonnés, combats soutenus, batailles gagnées, ennemis vaincus par la force, dissipés par l'adresse, lassés et consumés par une sage et noble patience ? Où peut-on trouver de si nombreux et de si puissans exemples, que dans les actions d'un homme sage, modeste,

---

(1) Bourdaloue, Oraison Funèbre de Louis de Bourbon.

libéral, dévoué au service du Prince et de la patrie, invincible dans l'adversité par son courage, dans la prospérité par sa modestie, dans les difficultés par sa prudence, dans les périls par sa valeur; en un mot, grand dans la guerre, sous le commandement du grand et immortel *Napoléon*? Quel sujet peut inspirer des sentimens plus touchans qu'une mort soudaine, mais glorieuse, qui au milieu de tant de victoires, tire des larmes de ces mêmes yeux, dont un regard semble suffire pour rassurer, ou pour faire trembler la terre?

Retenons nos plaintes, Messieurs; il est temps de commencer l'éloge d'un héros, qui n'avoit pas seulement mérité l'estime profonde de César, mais qui s'étoit étroitement uni à son ame auguste, comme celle de *Jonathas*, suivant l'expression des Livres Sacrés (1), *s'étoit collée à l'ame de David.*

N'attendez pas, Messieurs, que j'entre dans tous les détails de ses belles actions; je n'en chosirai que les plus brillantes; elles attireront votre attention, non par la force

____

(1) L. 1. Reg. cap. 18, ⍟. 1. *Anima Jonathæ conglutinata est animæ David.*

de mon discours, mais par la vérité des faits que je me propose de vous retracer, et par leur simplicité même. Sans doute c'est une témérité pour nous d'oser louer ce grand homme ; mais nous devons nous dire, que c'est un devoir que nous avons à remplir, et quelle que soit notre insuffisance pour nous en acquitter d'une manière digne de son objet, et surtout dans une langue qui nous est étrangère, nous en appellerons auprès de vous à ce sentiment général dont vous êtes déjà prévenus, et nous espérerons de trouver dans vos cœurs et dans vos esprits ce qui pourroit manquer à nos expressions et à nos pensées.

Ceux qu'a vantés l'ancienne Rome, et ceux qui avant le Duc de Montebello s'étoient distingués dans les temps modernes et parmi nous, sur le théâtre de la guerre, possédoient plus ou moins de ces qualités : l'un excelloit dans la conduite des siéges, l'autre dans l'art de campemens ; celui-ci étoit bon pour l'attaque, et celui-là pour la défense : l'universalité jointe à l'éminence des vertus guerrières, étoit le caractère de distinction de Montebello. Ainsi l'a proclamé notre César, que la postérité désignera comme le plus grand Capitaine de l'univers, celui qui étoit sans doute le plus légitime juge de son Lieutenant, et, nous oserons dire, le plus sincère et le plus intime de ses amis. Quelle réunion des grandes qualités militaires, ardeur martiale, qui, sans témérité ni emportement, lui faisoit tout oser et tout entreprendre ; activité, qui pendant l'action lui rendoit tout possible et tout facile ; fermeté d'ame, que jamais nul obstacle n'arrêta, que jamais nul péril n'épouvanta, que jamais nulle résistance ne put ni lasser ni rebuter ; vigilance que rien ne surprenoit ; prévoyance, à laquelle rien n'échappoit ; promptitude à prendre son parti, promptitude qu'on n'accusa jamais en lui de précipitation ; et qui sans avoir les inconvéniens de la lenteur des autres, en avoit toute la maturité ; courage et valeur qu'il inspira par sa présence au corps d'armée qu'il commandoit ; sang froid qu'il savoit si bien conserver dans la chaleur du combat ; tranquillité, dont il n'étoit jamais plus sûr que quand on en venoit aux mains, et dans l'horreur de la mêlée ; soumission prompte et complette aux ordres de son

invincible Général ; il se fit toujours un devoir de prodiguer sa vie, et un jeu de braver
la mort pour son Souverain et pour sa patrie. Tel est le portrait vivant que chacun de
vous se retrace, au moment où je parle du
grand Capitaine que la France a perdu !

A peine est-il entré dans la carrière militaire, que l'armée Française le compte parmi
ses Chefs ; à peine aussi a-t-il obtenu cet
honneur, qu'il éprouve une criante injustice,
il essuie l'affront cruel d'une réforme. N'im-
porte ; il reçoit cette disgrace avec fermeté
et sans murmure, son cœur est exempt de
trouble comme il l'est de reproche ; le crime
seul intimide une grande ame, et la crainte
n'en peut approcher , lorsque la vertu ne l'a
point quittée. Mais bientôt Montebello devra
à son seul mérite un dédommagement de ce
moment d'injustice..... un astre brille et
s'élève sur notre horison : vous le nommez
déjà, Messieurs, c'est le grand *Napoléon*,
rayonnant de gloire, qui paroît sur le théâtre
du monde ; Montebello accourt, pour prendre
part à ces premières et célèbres campagnes
d'Italie, sous les enseignes du héros qu'il ne
doit plus abandonner. Notre jeune guerrier

viendra-t-il l'occuper de sa propre fortune ? demandera-t-il le grade qu'on lui avoit injustement ravi ? non ; il ne songe qu'à la patrie. L'honneur de combattre pour son pays lui suffit ; il part en qualité de simple soldat ; on le voit dans ce dernier rang de la milice, ne refuser aucune fatigue, ne craindre aucun péril ; faire par honneur ce que les autres faisoient par nécessité, et ne se distinguer d'eux que par un plus grand attachement au travail, et par une plus noble application à tous ses devoirs. Mais bientôt à défaut du rang qui lui manquoit, sa valeur et ses vertus militaires suffirent pour le faire heureusement distinguer du grand *Napoléon*. Ce fut dans cette guerre d'Italie, qu'il obtint le premier degré dans l'estime de son auguste Chef, et qu'il s'ouvrit le chemin aux honneurs, dont il fut depuis comblé. C'est là que se forma cette étroite liaison d'une amitié intime et éternelle, cimentée par des marques glorieuses de bienveillance de la part d'un Général, monté depuis sur le premier trône de l'univers. Ainsi honoré sous un maître si juste de toutes les distinctions dues à sa noble conduite, il restoit à Montebello à devenir en quelque sorte supérieur à sa propre gloire ; c'étoit de ne l'avoir ni désirée ni cherchée, alors même qu'il faisoit tout pour l'acquérir. Quelle gloire avoit-il donc en vue ? Celle de l'état et de son Souverain ; il ne pensoit à la sienne, que pour en réprimer les mouvemens, ayant pour maxime d'aimer son devoir pour son devoir même : les nouveaux honneurs étoient pour lui de nouveaux liens, qui l'attachoient au service ; et sans croire se dégrader, quand du haut de sa fortune, il se rabaissoit aux devoirs, dont l'exercice avoit commencé son élévation, il étoit animé de ce noble sentiment que rien de ce qui concerne l'intérêt essentiel du Souverain et de l'état, ne peut être au-dessous d'un sujet fidèle.

Je ne retracerai point, Messieurs, le récit trop long de tous ses exploits militaires ; ils vous sont connus. Je ne vous le représenterai point en tant de combats et de siéges, ferme et résolu, actif et vigilant, sage et éclairé, offrant au soldat l'exemple de combattre, et donnant aux Officiers les moyens de vaincre. Vous rappellerai-je le passage du Pô ? les pas de l'intrépide Montebello sont les premiers empreints sur la rive Autrichienne ; c'est à Digo et à Bassano qu'il cueillit ses premiers lauriers. Nous trouverons les traces de son sang dans les terribles journées d'Arcole ; là les efforts de son courage se déployèrent pour sauver les jours si chers de son illustre ami. Je ne vous peindrai, Messieurs, ni l'Égypte conquise, ni l'Asie humiliée, ni toute la part qu'eut Montebello à ces étonnans succès, ces détails appartiennent à l'Histoire. Je ne vous conduirai point dans ces déserts affreux, dans ces sables brûlans, où jadis le vainqueur de Darius courut le plus grand risque de perdre le fruit de ses victoires, et où le brave Montebello sait surmonter tous les dangers d'une mort certaine, avant de pénétrer victorieux à Jaffa, avec l'armée Française. Je ne vous le montrerai point de retour en Europe, s'attirant tous les regards, ceux surtout du premier Consul, aux sommets du St.-Gothard, du Simplon, des deux St.-Bernard, du mont Cénis, qu'il franchit le premier ; sommets, qu'Annibal seul avoit osé gravir. Je ne vous tracerai point le merveilleux tableau des rapides triomphes de cet impétueux Lieutenant ; le pont de la Cluse

forcé, Aoste et ses retranchemens emportés,
Yvrée obligée d'ouvrir ses portes et son châ-
teau pris d'assaut, la Chiousella franchie et
ses eaux teintes du sang de ses défenseurs,
Pavie conquise, l'honneur Français vengé
dans ces plaines. Il seroit superflu de vous
mettre sous les yeux la valeur héroïque qu'il
déploya à Montebello, valeur qui lui mérita
le glorieux titre dont il fut décoré, et où ses
descendants retrouveront le berceau de leur
noblesse, tout ombragé de lauriers.

Nous touchons, Messieurs, à cette époque
pénible des souvenirs, que nous vous rappellons; cette dernière guerre entre la France
et l'Autriche, qui devoit être suivie d'une
paix perpétuelle. L'un de ces deux grands
arbres, à l'ombre desquels la Seine et le
Danube roulent leurs flots, a pu plier un
instant sous la violence des ouragans déchaî-
nés; mais ses racines fortes et profondes l'ont
soutenu, *dies domini exercituum . . . . .
super cedros Libani sublimes* (1). Nos
armées sont à Vienne; le Danube est franchi;
l'instant décisif de la campagne est venu;

____

(1) Isa. cap. 2, ℣. 12 et 13.

mais le triomphe, qui mettoit fin à la guerre, demeure imparfait. Souvenez - vous, Messieurs, de ce funeste événement qu'aucune prudence humaine ne pouvoit prévoir: le plus impétueux des fleuves, enflé au-dessus de ses bords, à une époque, où les riverains mêmes s'étonnent de les lui voir franchir, élève contre nous une espèce d'invincible rempart; l'armée est coupée dans ses communications, tout lui manque. Mais le grand *Napoléon*, à qui rien n'échappe dans les momens les plus difficiles, apperçoit d'abord tout ce qui peut contribuer à surmonter ces dangers, semblable à l'Aigle, dont la vue perçante découvre en un instant une vaste étendue; il confie au Duc de Montebello l'honneur de conserver le champ de bataille; c'étoit donner à son armée l'assurance que nous en resterions les maîtres; la fortune inconstante pour les autres, sembla pour lui s'être fixée, et avoir fait avec lui un pacte éternel, pour être inséparable de ses armes; vaincre et combattre n'est pour lui qu'une même chose. . . . . . En effet, nous triomphons! . . . il y a plus; ces trophées préparent la mémorable victoire de Wagram. Ces jour-

nées si célèbres, surtout par les insurmon-
tables difficultés, que la position de l'ennemi
offroit à nos armées ; ces journées de Wagram, que l'on peut comparer aux plus célèbres de l'antiquité, portèrent l'alarme dans
tout l'Empire Autrichien, et forcèrent enfin
son auguste Chef à vouloir la paix.....

Mais, *ô Dieu terrible* et juste *dans vos
conseils sur les enfans des hommes* (1),
vous disposez et des vainqueurs et des victoires, pour accomplir vos volontés et faire
craindre vos jugemens ! votre puissance ren-
verse ceux que votre puissance avoit élé-
vés (2). Vous immolez à votre grandeur de
grandes victimes, et vous frappez, quand il
vous plaît, ces têtes illustres, que vous avez
tant de fois couronnées de lauriers.....
Montebello tombe, à la bataille d'Essling,
au milieu des victoires et des triomphes !
Princeps et maximus cecidit hodie !

Représentons nous, Messieurs, ce grand
homme, étendu sur ses propres trophées ;

______

(1) Ps. 65, ℣. 3 et 5. *Quam terribilia sunt opera
tua Domine..... Terribilis in consiliis super filios
hominum.*

(2) Flechier, Oraison Funèbre de Mr. de Turenne.

découvrons ce corps pâle et sanglant, au-près duquel fume encore la foudre qui l'a frappé; mourant, il se réveille, il se ranime à la voix de son Monarque, objet constant de sa tendresse et de son amour ; écoutez quelles paroles sortent de ses lèvres qu'il croit ouvrir pour la dernière fois; *il regrette de n'avoir qu'une seule vie à donner pour son Souverain.* O parole, ô senti-ment digne de Montebello! la renommée, qui se plaît à répandre dans l'univers les accidens extraordinaires, va remplir toute l'Europe du récit des exploits glorieux de ce Maréchal, et des touchans regrets que sa bouche a fait entendre......

Mais, Seigneur, devant vos autels, à la vue du sang de l'Agneau, sacrifié pour la paix du monde, est-il permis de déployer tant de cruels et profanes tableaux de batailles et de victoires? Ah! c'est vous, Seigneur des armées, que nous adorons dans ces divers événemens! c'est votre bras qui soutient les bras de tant de nations, armées l'une contre l'autre; votre œil conduit où il lui plaît la fortune des combats. Aveugles que nous som-mes! en tout cela nous cherchons, disons-nous, la gloire de nos Souverains, la sûreté de l'état, la justice de nos droits. Vous, ô mon Dieu, vous y cherchez votre gloire et notre salut. Votre gloire, vous l'y trouvez. Notre salut, l'y trouvons-nous? songeons-nous même à l'y chercher? C'est pour nous y forcer, qu'indépendamment de nos droits et de nos vœux, vous dispensez à votre gré, les succès et les disgraces, la lumière et les ténèbres, les horreurs de la guerre et les douceurs de la paix; *ego Dominus*, *je suis le Seigneur*, nous dites-vous, *formans lucem et creans tenebras, faciens pacem et creans malum* (1). Tant d'années de victoires n'ont fait que nous endormir sur le soin de notre salut. Faudra-t-il que la main de Dieu s'appesantisse plus long-temps sur nos têtes indociles, par la continuation de la guerre? Heureux celui qui s'est montré fidèle à son Dieu, à son Souverain, à sa patrie! c'est par-là que des fatigues de la vie, il aura passé dans l'heureuse paix des élus.

Illustres guerriers ! quelle voix est plus forte et plus éloquente que cette pompe fu-

(1) . . . . v. 6 et 7.

nèbre, pour vous apprendre à vous occuper du grand avenir de l'éternité? Cet homme qui a joué un rôle brillant sur la scène du monde, qui occupera une place distinguée dans les fastes de l'Empire, dont les cendres seront mêlées avec celles des Turenne et des Vauban, sortira un jour de son magnifique tombeau de marbre de porphyre, non pour être loué de ses exploits héroïques, mais pour être jugé suivant ses bonnes ou ses mauvaises œuvres. Cet homme n'est monté au comble de l'opulence et des honneurs, que pour illustrer sa famille, et pour donner à ses descendants une noblesse, qui pour lui n'a pas laissé sur la terre plus de vestiges de son existence, que n'en laisse sur son passage l'ombre d'un nuage fugitif, *transibit....* *tamquam vestigium nubis* (1). La foible lumière de ces flambeaux est l'unique jour qui luit pour lui: il ne la voit pas. Ces voiles lugubres sont l'unique décoration qui l'annonce: il ne l'apperçoit pas. Les discours funèbres que l'on prononce dans tout l'Empire, sont l'unique et dernier rétentissement

____

(1) Sap. cap. 2, ✝. 3.

du bruit qu'il a fait dans le monde : et il ne l'entend pas. Le tombeau est l'unique asile que lui prête la terre ; le marbre qui le couvrira, est l'unique reste de sa renommée ; ces deux mots : *hic jacet*, sont l'unique monument de ses titres et de ses dignités. Et c'est à un pareil sort, braves guerriers ! c'est à ce rien que vous courez à travers tant de hasards. A Dieu ne plaise que par ces réflexions, je prétende amortir votre courage ! je ne veux que le rendre digne de vous et de votre Religion. Marchant sur les traces de vos prédécesseurs, des Duguesclin, des Turenne, des Broglie, et de tant d'autres grands hommes, n'oubliez pas que l'ambition qui parmi vos ancêtres fit des héros, consista dans la magnanime émulation des vertus militaires et Chrétiennes, non dans une jalouse avidité d'honneurs et de richesses. Fidèles à votre Dieu, souvenez-vous de respecter, de ne point dégrader un caractère si auguste. Dans les liens qui vous assujettissent au Prince, et qui vous attachent à la Patrie, adorez le Dieu qui règne dans les Monarques, et qui préside au sort des batailles ; qu'il soit le mobile de vos actions et l'appui de votre espérance: alors si vous périssez, victimes du devoir, il récompensera ce que le guerrier Chrétien aura fait pour le trône et pour l'état, comme il récompense ce que le Prophète et l'Apôtre font pour la Religion. Enfin redoublez aujourd'hui vos vœux et vos prières; que le sang de Jésus-Christ qui dans les mains de son ministre vient de couler sur l'autel, obtienne du Dieu des miséricordes, qu'il ouvre le séjour de paix et de félicité à cet homme illustre!

DISCOURS

prononcé le 15 Août 1810,

FÊTE DE L'ASSOMPTION

ET DE

S. NAPOLÉON.

Positus est thronus matri Regis, quæ sedit ad dextram ejus.

On prépara un trône pour la mère du Roi, et elle s'assit à sa droite. Reg. L. 3, cap. 2, ⊻. 19.

AINSI Salomon honora sa mère! et telle est la place que Marie, quittant la terre, alla occuper dans le ciel, auprès de son fils! Qu'il fut brillant ce trône, où la fit monter une main toute-puissante! qu'elle fut pompeuse la cérémonie, au milieu de laquelle la Reine des Anges et des Saints fut couronnée! quels respects, quels hommages les uns et les autres n'apportèrent-ils point aux pieds de leur auguste Souveraine? Par quelles ac-

clamations, par quels éloges ne s'exprima
point leur admiration pour elle? et qui peut
douter qu'au jour anniversaire de son couronnement glorieux, ces mêmes éloges, et
ces mêmes acclamations ne remplissent encore
toutes les bouches bienheureuses? Tristes
habitans de cette vallée de larmes, croirez-
vous seuls devoir garder le silence? ou crain-
drez-vous de faire entendre vos voix dans un
si beau concert?.... Non, que la terre aujourd'hui, soit l'écho du ciel: le triomphe de
Marie est la fête de l'univers, et surtout de
la France; cet Empire n'a pas encore oublié
combien étoit grande la solemnité de ce jour.
A présent l'anniversaire du triomphe de Marie
est aussi l'anniversaire de la naissance de
notre auguste Empereur; ce jour heureux
a vu signer le Concordat, qui doit réunir
l'autel et le trône; ce jour est désigné, en
vertu de l'autorité Apostolique, pour être à
perpétuité la fête de Saint Napoléon, Martyr
d'Alexandrie, que notre auguste Empereur
a reçu pour patron. La commémoration de
tant de souvenirs précieux pour les Français,
est bien faite pour exciter leur piété; et c'est
à eux qu'on peut dire à juste titre: *Voca-*

bitis hunc diem celeberrimum atque sanctissimum. Vous appellerez ce jour très-célèbre et très-saint. En unissant toutes ces fêtes, faisons hommage à la Reine des cieux, la protectrice de l'Empire ; rendons lui des actions éternelles de grace ; que toute la nation Française représentée par le Magistrat dépositaire de l'autorité Souveraine, par les braves militaires qui font la gloire et la sûreté de l'Empire, par les respectables interprêtes des lois, auxquels nous devons le maintien de l'ordre public ; enfin que tous les Français de concert avec les ministres des autels, célèbrent la gloire de la Très-Sainte Vierge, et viennent honorer son triomphe.

Dans le dessein si juste de publier ses louanges, je n'oserai pas vous servir d'interprête, mes Frères, et prononcer, au nom de tous, cet éloge solemnel. N'attendez pas que j'entreprenne de sonder la profondeur de cet abîme immense de grace ; je me bornerai à vous retracer seulement quelques traits d'une vie si glorieuse.

Présidez vous-même à votre gloire, Vierge Sainte : offrez-vous à moi dans tout l'éclat de vos charmes ; échauffez mon ame, élevez mes pensées, conduisez mon pinceau ; et dans un portrait qui, malgré tout mon zèle, sera toujours bien au-dessous de la réalité, ne laissez pas d'enlever l'hommage de tous les esprits et de tous les cœurs.

Positus est thronus matri Regis, quæ sedit ad dextram ejus.

On prépara un trône pour la mère du Roi, et elle s'assit à sa droite. Reg. L. 3, cap. 2, ℣. 19.

Sainteté de Marie, Sainteté pure et entière (1). Délivrée par une sanctification particulière du péché, et comblée dès sa conception de toutes les graces du ciel, elle n'a qu'un attrait, qu'un poids, qu'un penchant, qui la porte vers son Dieu ; ses désirs ne souffrent aucun partage ; sans éprouver nos combats, elle a tout le mérite de nos victoires, parce que, sans avoir les foiblesses de notre cœur, elle s'assujettit à toutes les précautions de notre vigilance. Sainteté de Marie, qui s'étend à toutes les vertus et à la perfection de toutes les vertus. Fuite du monde jusques à la solitude la plus inaccessible ; déta-

______

(1) Neuville, Panégyrique de la Sainte Vierge.

chement intérieur jusques à l'oubli le plus total de soi-même ; soumission à la Providence jusques à se plaire dans les situations les plus douloureuses ; amour de Dieu ; elle n'éprouve aucun sentiment qui ne se rapporte à lui ; vie de pénitence et d'innocence, de lumières et de simplicité, de zèle et de douceur, d'action et d'oraison, de mouvement et de retraite. Suivez dans l'Évangile la trace de ses pas, vous verrez chaque moment montrer les vertus que les circonstances demandent : vous verrez Marie sans faste, sans inquiétude, sans empressement, ne laissant voir de ses vertus que ce qu'elle ne peut s'empêcher de faire paroître ; cacher la Sainteté la plus fervente, sous les dehors de la piété la plus ordinaire. Ainsi, dans sa conduite modeste et simple, Marie présentoit au monde les prémices et l'ébauche de cette vie commune de Jésus-Christ, dans laquelle rien ne semble prodige, parce que tout est miracle, et qu'on ne peut louer pour aucune vertu marquée, parce qu'elle est l'assemblage de toutes les vertus.

Par-là, sans y prétendre, Marie s'avançoit vers la maternité Divine. Car en vain elle auroit recueilli l'héritage de la piété de ses ancêtres ; en vain elle auroit réuni tant de vertus qui, séparées, avoient fait tant de grands hommes : elle n'auroit point été assez Sainte pour son Fils. Les vertus du Premier Testament ne suffisoient point à la mère du Dieu de l'Évangile.

Ce sang, illustré par la foi d'Abraham, par l'obéissance d'Isaac, par l'innocence de Jacob, par la pudeur de Joseph, par la religion de David, par la sagesse de Salomon, par le zèle de Josias ; ce sang qui avoit coulé dans les veines des Patriarches, des Pontifes, des Prophètes, afin d'être digne de couler dans les veines de l'Homme-Dieu, il falloit que passant dans les veines de Marie, il falloit qu'épuré par la flamme Sainte qui dévoroit son cœur, il ne retînt rien de la corruption de la nature.

Placée, pour ainsi dire, entre les deux Testamens, comme située entre Moyse et Jésus-Christ, propre à être l'ornement du peuple ancien et le modèle du peuple nouveau, infiniment moins que Dieu, plus que l'homme, je le répète après Saint Bernard, Marie seul pouvoit être la mère de Jésus ; Jésus seul pouvoit être le fils de Marie.

N'aller à la grandeur que par la voie du mérite ; ne la solliciter que par ses services ; ne la briguer que par ses vertus ; regarder la grandeur avec une noble et paisible indifférence ; aimer mieux être grand par soi-même que par ses titres : voilà les héros du monde.

Craindre dans la grandeur la grandeur même ; fuir les honneurs qu'offre la naissance ou la fortune, afin de couler dans l'ombre et la poussière des jours ignorés ; n'aspirer qu'à l'oubli, au mépris, aux dédains du monde, et se dévouer à vivre, suivant l'expression de l'Apôtre, mort et enseveli avec Jésus-Christ et en Jésus-Christ : voilà les héros de l'Évangile.

Mais une grandeur toute Céleste, toute Divine ; une grandeur dont la main qui la présente annonce le prix et la Sainteté ; une grandeur qui, étant l'ouvrage de l'Esprit Sanctificateur, est une source plus féconde de graces et de mérites, que d'honneurs et de distinctions ; une grandeur en deux mots, qui fera son fils, du Dieu qu'elle adore, et qui lui donnera droit au plus tendre amour du Dieu qu'elle aime ; trembler, pâlir à la seule idée de cette grandeur, parce qu'elle croit y entrevoir une ombre d'opposition à la perfection de la piété la plus sublime; *turbata est in sermone ejus* (1): voilà ce que surpasse les héros mêmes que nous présente l'Évangile et la grace: voilà Marie.

L'ame de Marie fut-elle aussi supérieure aux disgraces qu'à la gloire et aux honneurs? Jugeons-en par la manière dont elle soutint les épreuves, auxquelles l'a mise son amour pour son fils, par la manière dont elle soutint les épreuves, auxquelles l'a mise l'amour de son fils pour elle.

Enfin, Marie a un fils; plus de jours sereins et sans alarmes; chaque heure, chaque instant lui amène un nouveau sujet de deuil et de pleurs. Par elle Jésus est fils de David; il compte parmi ses aïeux tous les héros que Juda compte au nombre de ses Princes et de ses maîtres. Mais David est ignoré dans la Cité Sainte; il est devenu étranger dans Juda; méconnu dans Israel. Issue de tant de Rois, Marie n'a recueilli que l'héritage de leur piété; ce n'est qu'à ses vertus que ses pères peuvent la reconnoître pour leur fille.

----

(1) Luc. 1, ⁎. 29.

Or, qu'est-ce aux yeux d'un vain peuple, que la succession de vertus que ne suit pas l'opulence? Dépouillée de l'éclat que lui prêtoit la pourpre, le sang auguste des Monarques de Sion, n'a plus dans les veines de Marie la majesté de sa source et la noblesse de son origine ; ses ancêtres furent Rois ; elle est confondue, perdue dans la foule du peuple ; elle obscurcit leur gloire, sans en être illustrée : on ne reconnoîtra point le fils de David dans le fils de Marie. Elle ne l'a donc reçu ce fils si cher à son amour, que pour le charger du poids humiliant de ses disgraces ; elle voit son nom devenu pour Jésus un titre d'opprobre et de flétrissure, effacer le charme de ses discours, l'éclat de ses vertus, la multitude de ses miracles ; elle voit l'orgueil pharisaïque, jaloux de la gloire de Jésus, se consoler et croire se venger pleinement par le ton de faste et de dédain, avec lequel il rappelle au fils le nom de la mère : *Nonne mater ejus dicitur Maria ?* (1)

Déjà de plus cruelles inquiétudes ont alarmé sa tendresse. Avec les pleurs du Divin enfant,

____

(1) Matth. 13, ✻ 55.

elle voit couler sous le couteau de la circon-
cision les premières gouttes de ce sang destiné à arroser le Calvaire. Elle voit les fureurs
politiques d'un tyran défiant et soupçonneux
s'armer contre les jours de Jésus naissant ;
elle entend un Prophète divinement inspiré,
lui annoncer le glaive de douleur destiné à
percer le cœur de la mère, et les supplices
marqués pour terminer la vie du fils. Ce n'est
plus Jésus qu'on lui rend ; c'est une victime
déjà blessée et sanglante qu'on la charge de
garder et d'élever pour le fatal sacrifice où
elle sera immolée. Dès-lors plus de repos, plus
de tranquillité pour Marie. Suivant l'expression de l'Écriture, Jésus croît sous ses yeux
en âge et en sagesse ; elle sait qu'il ne croît
que pour le Calvaire ; qu'elle ne le dérobe
à la fureur d'Hérode que pour le réserver à
la fureur des Pharisiens ; elle sait qu'elle ne
le retire de l'Égypte, que pour le rendre à la
terre plus barbare qu'il abreuvera de son
sang. Sorti de la solitude, Jésus remplit la
Judée du bruit de ses miracles ; le peuple
accourt en foule sur ses pas ; chaque jour
augmente le nombre de ses disciples ; Jérusalem ne s'entretient que de ses vertus et de

ses prodiges : Marie sait que ce peuple inconstant et perfide l'abandonnera ; que ces disciples foibles et timides le méconnoîtront ; que cette Jérusalem parjure et déicide demandera sa mort. Cette idée désolante est continuellement présente à son esprit : affligée par des maux qui ne sont pas encore, Marie porte à chaque instant le poids des disgraces, qui doivent se suivre et se remplacer dans le cours de plusieurs années.

Or, comment le porte-t-elle ? Marie ne parut point au Thabor ; et la voilà sur le Calvaire. Venez, montez à la Montagne Sainte, fixez vos regards sur la scène la plus tragique, et en même-temps la plus héroïque qui fut jamais. Il est des traits dont un seul peint une ame toute entière, et fait un éloge, auquel l'art de louer ne peut rien ajouter. Considérez ce corps couvert de plaies, épuisé de forces, défiguré par les supplices ; ces yeux presqu'éteints et appesantis sous le sommeil de la mort ; ce sang qui par des blessures profondes coule à gros bouillons et arrose la terre. Écoutez ces cris insultans, ces clameurs sanguinaires, ces blasphêmes sacrilèges d'un peuple tumultueux, énivré des fureurs de

l'enfer ; et tout-à-coup, au milieu d'une nuit
sombre, dans des ténèbres pleines de terreur
et d'épouvante, dans un affreux silence, en-
tendez les plaintes douloureuses, les sons foibles et languissans de sa voix expirante, les
derniers soupirs de cet Homme - Dieu, qui
rend dans les tourmens une vie rassasiée
d'opprobres.

Ah, mes Frères, après Jésus sur la croix,
quoi de plus étonnant que Marie aux pieds
de la croix ? Le Disciple bien-aimé s'y trouve,
il est accompagné de Madelaine ; dans le
Disciple bien-aimé ce n'est que le cœur d'un
Apôtre, Madelaine a le cœur d'une amante ;
avec le cœur de l'Apôtre et de l'amante,
Marie a le cœur de la mère la plus tendre.
Ce fleuve, pour me servir des expressions de
l'Écriture, ce fleuve brûlant du pur amour
qui arrose et enflamme les Saints, se répan-
doit presque tout entier dans l'ame de Marie ;
il l'inondoit, il l'embrâsoit. Les Saints aiment,
Marie n'étoit qu'amour. Que vient-elle donc
chercher au Calvaire ? Ce qu'on reprocheroit
à toute autre mère de ne pas fuire ; le spectacle d'un fils mourant ! spectacle digne de
Marie ! elle est mère ; mais elle est mère d'un

Dieu. Eh! qu'elle soutient dignement cette grande et auguste qualité! ce n'est point la mère de Moyse qui baigne de ses pleurs le berceau qu'elle abandonne aux flots; ce n'est point Jacob qui trempe de ses larmes la robe sanglante de Joseph; ce n'est point Jephté qui condamne par ses regrets l'imprudence de son vœu téméraire; ce n'est point David qui veut s'ensevelir dans le tombeau d'Absalon. Au Calvaire tout est digne du Dieu qui s'immole. Marie aime Jésus comme son fils, elle l'aime encore plus comme son Dieu; elle l'aime comme il veut être aimé, comme il aime lui-même, et il n'est pas moins le modèle, que l'objet de sa tendresse; elle est plus attentive à considérer sur la croix les vertus dont on lui donne l'exemple, que l'événement funeste qui lui ravit son fils. Sur le même autel sont posées les deux victimes; c'est le même coup qui les frappe, la même constance qui les soutient; dans le courage de la mère, on reconnoît la Divinité du fils; s'il n'appartient qu'à un Homme-Dieu de mourir comme Jésus, il n'appartenoit qu'à la mère d'un Homme-Dieu de soutenir dans un calme si héroïque le terrible spectacle d'un fils mourant, et d'un tel fils, *stabat.... juxta crucem Jesu Maria mater ejus* (1). La nature entière se trouble à la vue de Jésus expirant ; le voile du temple se déchire ; la terre frémit, ébranlée jusques dans son centre ; le soleil s'éclipse ; les monumens des morts sont ouverts : parmi ce fracas horrible, notre Sainte Héroïne est supérieure à l'excès de sa tristesse ; elle se tient debout, durant cette scène tragique ; elle reste inébranlable, *stabat.... Maria.* Jésus sait vaincre les frayeurs de la mort, Marie surmonte les foiblesses de l'amour ; en un mot (toujours dans la juste proportion que vous ne pouvez manquer de supposer avec moi, car je parle à des Chrétiens instruits), en un mot, la mère est digne du fils, comme le fils est digne de la mère.

Des cœurs unis par les liens d'un amour si pur et si Saint, ne devoient avoir qu'un même sort. Marie passe, ainsi que Jésus, des jours obscurs au centre de l'humiliation et de la douleur ; après Jésus, Marie trouve la vie au sein du tombeau ; elle ne meurt

______

(1) Joann. 19, ℣. 25.

que pour renaître aussitôt. Placée dans le ciel auprès de Jésus, elle partage sa gloire autant qu'il est donné à une créature de la partager. Jésus triomphe dans le ciel; Marie y triomphe près de lui. *On prépara un trône pour la mère du Roi, et elle s'assit à sa droite; positus est thronus matri Regis, quæ sedit ad dextram ejus.* Les temples dont il est le Dieu, elle en est la protectrice; tous les Sanctuaires, qui retentissent du nom du fils, répètent les louanges de la mère; la grace de Jésus-Christ ne lui gagne point de cœurs qu'il ne donne à Marie; il les reçoit par elle, ou elle les reçoit de lui. La confiance en Marie, l'invocation de Marie est le commencement ou le fruit de la vraie piété; et si l'on peut aimer Marie sans être Saint, nous ne connoissons point de Sainteté, séparée du culte de Marie; culte solide, fondé sur les principes les plus certains, sur les maximes les plus pures de la Religion.

Honorons la gloire de Marie; gloire immortelle; gloire d'élévation et de prééminence; gloire de vénération et d'hommage; gloire de tout temps chère à la France. Les Monarques de la terre mettent leur sceptre aux pieds de

Marie, lui consacrent leurs états, lui dévouent leurs sujets. Vous rappellerai-je que nous appartenons à Marie? que nous lui fumes solemnellement voués par notre Roi, Louis-le-Juste, dans des circonstances aussi périlleuses pour la Religion que pour le trône? Et dans ces derniers temps, n'est-ce pas par sa protection particulière que la main de Dieu tout-puissant a sauvé ce Royaume? Je ne vous mettrai pas sous les yeux ces jours de nuages et de désolation, qui virent la France armée contre la France, sapper de ses propres mains les fondemens de ce florissant Empire ; l'impiété et l'anarchie assises sur les débris fumans de nos temples et de nos villes, nous menaçoient d'une destruction totale : dans ce danger commun, le grand *Napoléon* fit hommage de son Empire à la Reine des cieux, il redressa nos autels, il rétablit l'ordre et la sûreté publique. Français, nous sommes donc les enfans de cette tendre mère, nous sommes sa famille, nous sommes son peuple ; nous avons le droit de lui demander tout, et d'en obtenir tout. Hélas ! on le disoit à nos pères, et ils recouroient à elle, et ils voyoient cesser leurs maux. Mais nos pères avoient de la Foi; ils étoient foibles comme nous, mais ils étoient religieux. Eh! sur quoi aujourd'hui fonder notre confiance? Pourrions-nous croire que Marie écoutera l'impiété, protégera l'irréligion, exaucera l'incrédulité, l'apostasie, le mépris général et public de tous principes, de toutes lois de pudeur, d'équité, de Religion? Notre présomption et notre aveuglement nous enlèvent chaque jour une portion de notre Foi, portent un nouveau coup à nos mœurs.

C'est au petit nombre des ames vraiment religieuses, car il en est encore, et il en restera toujours; c'est à elles à porter aux pieds de Marie leurs larmes; elles ne couleront point en vain; si elles n'obtiennent pas le retour de la multitude égarée, elles obtiendront au moins l'accroissement et la persévérance du petit troupeau des vrais fidèles.

Recueillons-nous aussi, mes Frères, afin de former des vœux publics et solemnels pour notre auguste Empereur; c'est un des devoirs essentiels d'un Chrétien. Au titre illustre de Monarque, dont celui qui brise et donne les sceptres, l'a décoré, se joignent encore ceux que rappelle cet anniversaire; la naissance du grand *Napoléon*, la fête de son Patron, et surtout la solemnité du triomphe de la Sainte Vierge, qu'il a choisie comme protectrice de son Empire, tout dans ce jour nous impose de nouvelles obligations. S'écrions comme Tertulien (1), au deuxième siècle : *Nous offrons des sacrifices pour le salut de nos Empereurs.... nous prions pour le salut de nos Empereurs ; sacrificamus pro salute imperatoris.... oramus pro salute imperatoris !* Chrétiens, marchons sur les traces de nos pieux ancêtres ; et que les voûtes de nos temples retentissent de cette prière énergique et touchante : *Domine, salvum fac Imperatorem Napoleonem !*

---

(1) Tertulianus ad Scapulam (Provinciæ Africæ Præsidem, cum Carthagini cæteris crudelius in Christianos grassaretur), pag. 38, edit. Venet. juxta correctionem Pamelii, de La Cerda, etc. etc., 1701.

DISCOURS

PRONONCÉ LE 2 DÉCEMBRE 1810,

ANNIVERSAIRE DU COURONNEMENT

DE SA MAJESTÉ

L'EMPEREUR.

Per me Reges regnant.

Les Rois règnent par moi. Prov. 8, ℣. 15.

Que les voûtes de nos temples retentissent des louanges du Seigneur! rendons-lui des actions éternelles de grace! Notre auguste Empereur, rapportant à Dieu toute la gloire dont il est environnée, désire que tout l'Empire Français exprime sa reconnoissance au Tout-Puissant, qui pour nous faire sentir l'instabilité des choses humaines, brise, quand il lui plaît, les sceptres, et les fait passer d'une race à une autre! Conformons-nous aux vœux du grand *Napoléon;* il nous invite d'offrir avec lui, tous les ans, au Roi des Rois le jour anniversaire de son Sacre, comme le tribut de son hommage. Chantons des cantiques de joie ; célébrons avec une Sainte allégresse cette fête à jamais mémorable, dans laquelle le Vicaire de Jésus-Christ, Pie VII, dont la présence seule étoit une solemnité, répandit l'Onction Sainte sur le héros, à qui Dieu avoit confié les destinées de ce vaste Empire. Pourrions-nous hésiter de remplir à l'égard de l'Oint du Seigneur les devoirs que la Religion nous impose, et que les Livres Saints nous retracent? Il est l'objet de notre soumission, de notre respect, de notre vénération.

Admirons en même-temps les règles immuables que le Seigneur, le suprême arbitre de l'univers a établies, et d'après lesquelles il décide du sort de tous les Empires. Résumons.

La Religion est le plus ferme appui du trône, assure l'autorité des Souverains, et imprime dans le cœur des sujets cet amour et ce respect, dûs aux Maîtres de la terre ; première partie. Le long enchaînement des causes particulières, qui font et défont les

Empires, dépend des ordres secrets de la Divine Providence; seconde partie.

Per me Reges regnant.

Les Rois règnent par moi. Prov. 8, ℣. 15.

Dieu a établi les Rois comme ses ministres, et règne par eux sur les peuples. *Il n'y a point de puissance qui ne vienne de lui; le Prince,* ajoute S. Paul (1), *est le ministre de Dieu pour le bien : si vous faites mal, tremblez ; car ce n'est pas en vain qu'il a le glaive ; et il est le ministre de Dieu, vengeur des mauvaises actions.* Les Princes agissent donc comme les Ministres de Dieu, et ses Lieutenans sur la terre. C'est par eux qu'il exerce son Empire; *pensez-vous pouvoir résister au Royaume du Seigneur, qu'il possède par les enfans de David,* demande l'Esprit Saint, dans les

____

(1) Ad Rom. cap. 13, ℣. 1. *Omnis anima Potestatibus sublimioribus subdita sit : non est enim Potestas nisi à Deo.* ℣. 4. *Dei enim minister est tibi in bonum. Si autem malum feceris, time: non enim sine causa gladium portat : Dei enim minister est: vindex in iram ei qui malum agit.*

ḷivres des Paralipomènes (1)? C'est pour cela que le trône Royal n'est pas le trône d'un homme, mais le trône de Dieu lui-même. *Dieu a choisi*, dit-il (2 , *mon fils Salomon, pour le placer dans le trône, où règne le Seigneur sur Israel.* Et encore: *Salomon s'assit sur le trône du Seigneur.* Et afin qu'on ne croie pas que cela soit particulier aux Israélites d'avoir des Rois établis de Dieu, voici les paroles de l'Ecclésiastique (3): *Dieu donne à chaque peuple son Gouvernement, et Israel lui est manifestement réservé.* Il gouverne donc tous les peuples,

---

(1) Paralip. L. 2 , cap. 13, ℣. 8. *Nunc ergo dicitis quod resistere possitis Regno Domini, quod possidet per filios David.*

(2) Paralip. L. 1 , cap. 28 , ℣. 5. *Sed et de filiis meis.... elegit Salomonem filium meum, ut sederet in throno Regni Domini super Israel.* Ibid. , cap. 29, ℣. 23. *Seditque Salomon super solium Domini.*

(3) Ecclesiastici, cap. 17, ℣. 14 et 15. *In unamquamque gentem præposuit rectorem: et pars Dei, Israel facta est manifesta. Græce: unicuique genti dedit Præsidem: at Israel portio Dei est. Ut cæteræ gentes à suis Regibus, ita populus Hebræus à Deo ipso regebatur.*

et il leur donne à tous leurs Rois ; quoiqu'il gouverne Israel d'une manière plus particulière.

Il s'en suit, que la personne des Rois est Sacrée, et qu'attenter sur eux, c'est un sacrilège. Dieu les fait oindre par ses Prophètes, comme il fait oindre les Pontifes et les autels (1). Il y a plus ; sans l'application extérieure de cette onction, ils sont Sacrés par leur charge, comme étant des représentans de la Majesté Divine, députés par la Providence à l'exécution de ses desseins. C'est ainsi que Dieu même appelle Cyrus son *Oint* (2). Voici ce que dit le Seigneur à ce Prince : *Mon Oint que j'ai pris par la main pour lui assujettir tous les peuples.* Le titre de *Christ* est donné aux Rois, et on les voit partout nommés les *Christs* ou les *Oints du Seigneur.* Sous ce nom vénérable, les Prophètes les ont honorés, et les ont regardés comme associés à l'Empire Souverain de Dieu,

---

(1) Reg. L. 1. cap. 9, ℣. 16. Ibid. cap. 16, ℣. 3, etc. etc.

(2) Isa. 45, ℣. 1. *Hæc dicit Dominus Christo meo Cyro, cujus apprehendi dexteram, ut subjiciam ante faciem ejus gentes.*

dont ils exercent l'autorité sur le peuple.
Samuel, élevant la voix, appelle Saül le
Christ du Seigneur (1). Oui, il faut respecter les Rois comme des choses Sacrées ;
et celui qui néglige de les garder est digne
de mort. *Vive le Seigneur*, dit David (2)
aux Capitaines de Saül, *vous êtes les enfans
de mort, vous tous, qui ne gardez pas
votre maître l'Oint du Seigneur*. Dieu lui
met deux fois entre les mains Saül, qui re-
muoit tout pour le perdre ; *Dieu*, dit-il (3),
*soit à mon secours, et qu'il ne m'arrive
pas de mettre la main sur mon maître,
l'Oint du Seigneur*. Le cœur de David fut
saisi, parce qu'il avoit coupé le bord du man-
teau de Saül (4). Tant la personne du Prince

____

(1) Reg. L. 1. cap. 12, ℣. 3. *Loquimini de me
coram Domino, et coram Christo ejus.*

(2) Reg. L. 1, cap. 26, ℣. 16. *Vivit Dominus, quoniam filii mortis estis vos, qui non custodistis Do-
minum vestrum, Christum Domini.*

(3) Reg. L. 1, cap. 24, ℣. 7. *Dixitque ad viros
suos : propitius sit mihi Dominus, ne faciam hanc
rem Domino meo, Christo Domini, ut mittam ma-
num meam in eum, quia Christus Domini est.*

(4) Reg. L. 1, cap. 24, ℣. 6. *Post hæc percussit*

lui paroît **Sacrée**, et tant il craint d'avoir violé par la moindre irrévérence le respect, qui lui étoit dû. On doit obéir au Prince par principe de Religion et de conscience. Saint Paul, après avoir dit que le Prince est le ministre de Dieu, conclut ainsi (1): *Il est donc nécessaire que vous lui soyez soumis, non-seulement par la crainte de sa colère, mais encore par l'obligation de votre conscience.* C'est pourquoi (2), *il le faut servir, non à l'œil, comme pour plaire aux hommes, mais avec bonne volonté, avec crainte, avec respect, et d'un cœur sincère comme à Jésus-Christ;* parce que le pouvoir du Prince est une émanation de

---

cor suum David, eo quod abscidisset oram chlamydis Saul.

(1) Ad Rom. 13, ℣. 5. *Ideo necessitate subditi estote, non solum propter iram, sed etiam propter conscientiam.*

(2) Ad Ephes. cap. 6, ℣. 5 et 6. *Servi obedite Dominis carnalibus cum timore, et tremore, in simplicitate cordis vestri, sicut Christo: non ad oculum servientes, etc.* Si l'Apôtre parle ainsi de la servitude, état contre nature, que devons-nous penser de la soumission légitime aux Princes et aux Magistrats? Voyez aussi ad Coloss. 3, ℣. 22 et seq.

l'autorité de Dieu, parce que le Prince porte l'empreinte de la Divïnité. Ce respect doit même être intérieur; *gardez-vous*, dit le Sage (1), *de juger mal du Roi, même dans votre pensée.* Écoutons S. Pierre (2); il nous recommande en termes exprès la sujettion aux Princes et aux Magistrats; *soyez soumis, dit-il, pour l'amour de Dieu à l'ordre qui est établi parmi les hommes : soyez soumis au Roi comme à celui qui a la puissance supréme ; et à ceux à qui il donne son autorité, comme étant envoyés de lui pour la louange des bonnes actions, et la punition des mauvaises.* Tertulien (3) s'écrie au

---

(1) Ecclesiastes, cap. 10, ℣. 20. *In cogitatione tua Regi ne detrahas.*

(2) 1 Petri, cap. 2, ℣. 13 et seq. *Subjecti igitur estote omni humanæ creaturæ propter Deum: sive Regi quasi præcellenti: sive Ducibus tamquam ab eo missis ad vindictam malefactorum , laudem vero bonorum, quia sic est voluntas Dei , ut benefacientes , obmutescere faciatis imprudentium hominum ignorantiam , etc. etc.*

(3) Tertulianus, Apologet., cap. XXXII et XXXIII, pag. 25 et 26, edit. Venet. juxta correctionem Pamelii, de La Cerda, etc. etc. *Est et alia major necessitas nobis orandi pro Imperatoribus, etiam pro omni statu*

nom des premiers Chrétiens : *Nous regardons dans les Empereurs le choix et le jugement de Dieu, qui leur a donné le commandement sur tous les peuples : nous respectons en eux ce que Dieu y a mis, et nous tenons cela à grand serment....*

Imperii, rebusque Romanis.... nos judicium Dei suspicimus in Imperatoribus, qui gentibus illos præfecit. Id in eis scimus esse, quod Deus voluit ; ideoque et salvum volumus esse quod Deus voluit, et pro magno id juramento habemus.... sed quid ego amplius de Religione atque pietate Christiana in Imperatorem ? Quem necesse est suspicianus, ut eum quem Dominus noster elegit : ut merito dixerim, NOSTER EST MAGIS CÆSAR, UT A NOSTRO DEO CONSTITUTUS, etc. etc. — Idem ad Scapulam, pag. 38. Quem (Imperatorem) sciens à Deo suo constitui, necesse est ut et ipsum diligat, et revereatur, et honoret, et salvum velit, cum toto Romano Imperio, quousque sæculum stabit : tandiu enim stabit. Colimus ergo et Imperatorem sic, quomodo et nobis licet, et ipsi expedit, ut hominem à Deo secundum ; et quicquid est, à Deo consecutum, et solo Deo minorem. Hoc et ipse volet. Sic enim omnibus major est, dum solo vero Deo minor est..... Itaque et sacrificamus pro salute Imperatoris, sed Deo nostro et ipsius : sed quomodo præcepit Deus, pura prece.

que dirai-je davantage de notre Religion et de notre piété pour l'Empereur, que nous devons respecter comme celui que notre Dieu a choisi : en sorte, que je puis dire, que César est plus à nous qu'à vous, parce que c'est notre Dieu qui l'a établi. C'est donc l'esprit du Christianisme de faire respecter les Rois avec une espèce de Religion, que le même Tertulien appelle la Religion de la *Seconde Majesté*, comme étant un écoulement de la *Première*, c'est-à-dire de la *Divine*; qui pour l'ordre et le bien des choses humaines a voulu faire rejaillir quelques rayons de son éclat sur les Rois. De là ce cri de *vive le Roi*, qui a passé du peuple de Dieu à tous les peuples du monde. A l'élection de Saül (1), au couronnement de Salomon (2), au Sacre de Joas (3), on

---

(1) Reg. L. 1, cap. 10, ℣. 24. *Et ait Samuel ad omnem populum : certe videtis quem elegit Dominus, quoniam non sit similis illi in omni populo. Et clamavit omnis populus, et ait : vivat Rex!*

(2) Reg. L. 3, cap. 1, ℣. 31. *Vivat Dominus meus David in æternum ! —* Ibidem, ℣. 34. *Vivat Rex Salomon ! —* Ibidem, ℣. 39. *Vivat Rex Salomon !*

(3) Reg. L. 4, cap. 11, ℣. 12. *Feceruntque eum*

entendit retentir les airs de ce cri d'allégresse,
*vive le Roi, vive le Roi David, vive le
Roi Salomon!* Le Prophète Baruc (1) com-
mande, pendant la captivité à tout le peuple,
de prier pour la vie du Roi Nabuchodono-
sor, et pour la vie de son fils Balthasar; et
nous voyons dans les Livres d'Esdras (2),
que tout le peuple *offroit des sacrifices au
Dieu du ciel, et prioit pour la vie du
Roi, et celle de ses Enfans.* Saint Paul (3)
nous a commandé de prier pour les Rois,
pour les puissances, et a mis dans leur conservation celle de la tranquillité publique.

---

*Regem, et unxerunt : et plaudentes manu, dixe-
runt : vivat Rex !*

(1) Baruch., cap. 1, ℣. 11. *Orate pro vita Nabu-
chodonosor Regis Babylonis, et pro vita Balthasar
filii ejus.*

(2) Esdræ, L. 1, cap. 6, ℣. 10. *Offerant oblationes
Deo cœli, orentque pro vita Regis, et filiorum ejus.*

(3) 1 Ad Timoth., cap. 2, ℣. 1 et seq. *Obsecro igitur
primum omnium fieri obsecrationes, orationes, pos-
tulationes, gratiarum actiones pro omnibus homini-
bus : pro Regibus, et omnibus, qui in sublimitate
sunt, ut quietam et tranquillam vitam agamus in
omni pietate et castitate. Hoc enim bonum est, et
acceptum coram Salvatore nostro Deo.*

Enfin le Fils de Dieu lui-même, fait homme, a non - seulement accompli tous les devoirs qu'exige la société humaine, mais encore, en instruisant le monde, il ordonna de *rendre à César ce qui étoit à César, et à Dieu ce qui étoit à Dieu ; reddite quæ sunt Cæsaris Cæsari : et quæ sunt Dei, Deo* (1).

D'après cet exposé clair et précis, je conclus, que la Religion est le plus ferme appui du trône, assure l'autorité des Souverains, et imprime dans le cœur des sujets cet amour et ce respect dûs aux maîtres de la terre.

Un autre principe non moins certain, que nous nous proposons de développer, c'est que le long enchaînement des causes particulières, qui font et défont les Empires, dépend des ordres secrets de la Divine Providence.

En effet, Dieu tient du plus haut des cieux les rênes de tous les Royaumes ; *per me Reges regnant.* Il a tous les cœurs en sa main : tantôt il retire les passions, tantôt il leur lâche la bride, et par-là il remue tout

----

(1) Matth. cap. 22, ℣. 21.

le genre humain, dit le grand Bossuet (1). Veut-il faire des conquérans? il fait marcher l'épouvante devant eux, et il inspire à eux et à leurs soldats une hardiesse invincible. Veut-il faire des Législateurs? il leur envoie son esprit de sagesse et de prévoyance; il leur fait prévenir les fondemens de la tranquillité publique. Il connoît la sagesse humaine, toujours bornée; il l'éclaire, il étend ses vues, et puis il l'abandonne à ses ignorances; il l'aveugle, il la précipite, il la confond par elle-même: et elle s'enveloppe, elle s'embarrasse dans ses propres subtilités; ses précautions lui sont un piége. Dieu exerce par ce moyen ses redoutables jugemens (2), suivant les règles de sa justice, toujours infailllible. C'est lui qui prépare les effets dans les causes les plus éloignées, et qui frappe ces grands coups dont le contre-coup porte si loin. Quand il veut renverser les Empires, tout est foible et irrégulier dans les conseils. L'Égypte, autrefois si sage, marche énivrée,

---

(1) Bossuet, Discours sur l'Histoire Universelle.

(2) Sap. 12, ℣. 15. *Cum ergo sis justus, juste omnia disponis.*

étourdie et chancellante, parce que le Seigneur a répandu l'esprit de vertige dans ses conseils ; ses procédés sont incertains ; elle s'égare ; elle est perdue.... Mais pourquoi ouvrir les annales des anciens peuples ? la dernière Dynastie de nos infortunés Monarques, n'a-t-elle pas laissé un exemple terrible de sa foiblesse ? Un Prédicateur célèbre (1) s'écrioit au milieu du dixhuitième siècle, quarante ans avant l'événement : *O Religion Sainte de Jésus-Christ ! ô trône de nos Rois ! ô France, ô patrie ! ô pudeur ! ô bienséance ! ne fut-ce pas comme Chrétien, je gémirois comme citoyen ; je ne cesserois point de pleurer les outrages par lesquels on ose vous insulter, et la triste destinée qu'on vous prépare. Qu'ils continuent de s'étendre, de s'affermir ces affreux systêmes ; leur poison dévorant ne tardera pas à consumer les principes, l'appui, le soutien nécessaire et essentiel de l'état. Amour du Prince et de la patrie, liens de famille et de société, désir de l'estime et de la*

---

(1) De Neuville, Discours pour la Fête de S. Augustin, tom. VI, pag. 274 et 275, édit. de Paris, 1776.

réputation publique, soldats intrépides, Magistrats désintéressés, amis généreux, épouses fidèles, enfans respectueux, riches bienfaisans, ne les attendez, ne les espérez point d'un peuple, dont le plaisir et l'intérêt seront l'unique Dieu, l'unique loi, l'unique vertu, l'unique honneur. Dèslors, dans le plus florissant Empire, il faudra que tout croule, que tout s'affaisse, que tout s'anéantisse. Pour le détruire, il ne sera pas besoin que Dieu déploie sa foudre et son tonnerre; le ciel pourra se reposer sur la terre du soin de le venger et de la punir. Entraîné par le vertige et le délire de la nation, l'état tombera, se précipitera dans un abîme d'anarchie, de confusion, de sommeil, d'inaction, de décadence et de dépérissement.....

Messieurs, je suis bien éloigné de vouloir rapporter ici ce passage frappant, comme une véritable Prophétie des malheurs, qui menaçoient la France avant la révolution : mon intention est seulement de vous rappeller, comment la Religion fit prévoir dans les causes morales, ayant leurs résultats aussi bien que les causes physiques, les suites in-

évitables de ce débordement général de tous
les vices, qui depuis plus d'un siècle inon-
dèrent la France.... Enfin cette prédiction,
énoncée d'une manière si précise et si dé-
taillée, s'accomplit; l'enfer se déchaîne; notre
chère patrie est ensevelie sous les ruines du
trône et de nos temples.... Mais le Seigneur
exauça la prière du petit nombre, qui lui
étoit resté fidèle; les nuages se dissipèrent;
il fit paroître un astre brillant sur notre horison; il suscita le grand *Napoléon*, tout
rayonnant de gloire, pour rétablir et l'autel
et le trône renversés. C'est ainsi, mes Frères,
que Dieu règne sur tous les peuples; *per me
Reges regnant*. Ne parlons plus de hasard,
ni de fortune, ou parlons-en seulement comme
d'un nom dont nous couvrons notre ignorance. Ce qui est hasard quant à nos conseils
incertains, est un dessein concerté dans le
conseil du suprême arbitre; c'est-à-dire dans
ce conseil éternel, qui renferme toutes les
causes et tous les effets dans un même ordre.
De cette façon tout concourt à la même fin,
et c'est faute d'entendre le tout que nous trou-
vons du hasard ou de l'irrégularité dans les
rencontres particulières. Tous ceux qui gou-

vernent, se sentent assujettis à une force majeure. Ils font plus ou moins qu'ils ne pensent, et leurs conseils n'ont jamais manqué d'avoir des effets imprévus. Ils ne sont pas maîtres des dispositions, que les siècles passés ont mises dans les affaires; ils ne peuvent prévoir le cours que prendra l'avenir, bien loin de pouvoir le forcer. Celui-là seul tient tout en sa main, qui sait le nom de ce qui est, et de ce qui n'est pas encore, qui préside à tous les temps, et prévient tous les conseils; *per me Reges regnant.* Alexandre ne croyoit pas travailler pour ses Capitaines, ni ruiner sa maison par ses conquêtes. Quand Brutus inspiroit au peuple Romain un amour immense de la liberté, il ne songeoit pas, qu'il jettoit dans les esprits le principe d'une licence effrénée. Quand les Césars flattoient les soldats, ils n'avoient pas le dessein de donner des maîtres à leurs successeurs et à l'Empire. En un mot, il n'y a point de puissance humaine, qui ne serve, malgré elle, à d'autres desseins que les siens. Dieu seul sait tout réduire à sa volonté. C'est pourquoi tout est surprenant à ne regarder que les causes particulières: et néanmoins tout s'avance avec une suite réglée. *Que Dieu est heureux*, dit l'Apôtre (1), *et le seul puissant Roi des Rois, et le Seigneur des Seigneurs !* Heureux celui dont le repos est inaltérable, qui voit tout changer sans changer lui-même, et qui fait tous les changemens par un conseil immuable ; qui donne et qui ôte la puissance, qui la transporte d'un homme à un autre, d'une maison à une autre, d'un peuple à un autre, *excelsus in Regno hominum ; et cuicumque voluerit, dabit illud* (2), pour montrer qu'ils ne l'ont tous que par emprunt, et qu'il est le seul, en qui elle réside. *O Seigneur*, s'écrie un grand Roi (3), *Dieu d'Israel, notre père,*

---

(1) 1 Ad Timoth., cap. 6, ℣. 15 et 16. *Beatus et solus potens, Rex Regum, et Dominus Dominantium..... cui honor et Imperium sempiternum.*

(2) Daniel., cap. 4, ℣. 14. — Item. Ecclesiastici, cap. 10, ℣. 8. *Regnum à gente in gentem transfertur.*

(3) Paralip. L. 1, cap. 29, ℣. 10, 11, 12. *Et benedixit Domino coram universa multitudine, et ait : benedictus es Domine Deus Israel, patris nostri ab æterno in æternum. Tua est Domine magnificentia, et potentia, et gloria, atque victoria : et tibi laus :*

de toute éternité, et durant toute l'éternité. A vous, Seigneur, appartient la Majesté et la puissance, et la gloire et la victoire et la louange: tout ce qui est dans le ciel et dans la terre est à vous: il vous appartient de régner; et vous commandez à tous les Princes: les grandeurs et les richesses sont à vous: vous dominez sur toutes choses : en votre main est la force et la puissance, la grandeur et l'Empire Souverain. (1) O Roi des siècles! (2) heureux Roi des Rois! heureuse Religion! vous voyez tomber les Empires presque tous d'eux-mêmes; et vous vous soutenez par votre propre force! Heureuse Religion! vous apprenez aux grands de la terre, que vous êtes seule la solide gran-

---

cuncta enim quæ in cœlo sunt , et in terra, tua sunt : tuum Domine Regnum, et tu es super omnes Principes. Tuæ divitiæ, et tua est gloria: tu dominaris omnium, in manu tua virtus et potentia : in manu tua magnitudo , et Imperium omnium.

(1) Apocalyp., cap. 15, ⩊. 3. *Magna et mirabilia sunt opera tua Domine Deus omnipotens : justæ et veræ sunt viæ tuæ, Rex sæculorum.*

(2) 1 Ad Timoth., cap. 6, ⩊. 15 et 16.

deur, où l'homme sensé doit mettre son espérance!....

Tandis que nous nous rappellons la chûte des Empires , préparée dans les conseils éternels du Tout-Puissant ; tandis que nous voyons des Royaumes s'établir sur les débris des couronnes et des sceptres de tant de Rois, honorons le grand homme, que la Providence a placé sur le premier des trônes, *Regem honorificate* (1). Le jour anniversaire du Sacre de notre auguste Empereur est devenu célèbre : il doit être à perpétuité consacré à apprendre à nos arrières - neveux cet événement mémorable. Souvenons-nous des merveilles que Dieu a opérées ; *mementote mirabilium ejus* (2). Prions le Seigneur de répandre ses dons sur notre Monarque, et d'exaucer les ferventes prières, que le vénérable Pontife, lors du Sacre du grand *Napoléon*, recita sur lui, au nom de l'Église.... Mais, ô fléau de Dieu! ô guerre! cesserez-vous enfin de ravager l'héritage de Jésus-Christ? O glaive du Seigneur, levé depuis long-temps sur

____

(1) 1 Petri, cap. 2, ℣. 17.
(2) Ps. 104, ℣. 5.

les peuples, ne vous reposerez-vous pas encore? *O mucro Domini! usquequo non quiesces* (1)? Vos vengeances, ô mon Dieu! ne sont-elles pas encore accomplies? **La** prière des justes ne désarmera-t-elle pas votre bras, plus que nos iniquités ne l'irritent? Exaucez les vœux de notre Empereur pour la paix; n'exercez plus sur nous des châtimens, qui n'ont servi jusqu'ici qu'à multiplier nos crimes; *ô mucro Domini! usquequo non quiesces?* Conjurons, mes Frères, le Père des miséricordes de toucher le cœur des Princes de la terre, et de leur inspirer des sentimens pacifiques, afin que tous les peuples, unis par les liens de la charité, jouissent sur la terre de cette paix, qui est l'image de celle, qui fera notre bonheur dans le ciel.

Joignons aussi, mes Frères, nos prières à celles de notre Empereur, pour la conservation de son auguste compagne; que le Seigneur nous accorde un illustre rejetton,

---

(1) Jeremiæ 47, ℣. 6. *O mucro Domini! usquequo non quiesces? ingredere in vaginam tuam, refrigerare, et sile.*

un Prince chéri, le digne héritier de la gloire du grand *Napoléon*, l'objet des vœux publics, le gage du bonheur des peuples, l'espérance de la Monarchie Française, le lien de la succession Impériale, l'enfant de la magnificence, l'appui de l'état, et surtout le soutien de la RELIGION!

DISCOURS

prononcé le 15 Août 1811,

FÊTE DE L'ASSOMPTION

ET DE

S. NAPOLÉON.

Veni, coronaberis.

Venez, et vous serez couronnée. Cant. 4, ℣. 8.

Quelle est celle-ci qui s'élève de la terre, avec cette affluence de délices et avec cet éclat de gloire qui l'environne (1)? Quelle est cette créature fortunée, revêtue de tant de magnificence? Portée sur un nuage éclatant, elle fend les airs, semblable à l'Aigle, qui monte d'un vol rapide vers le Soleil; enlevée comme Élie dans un tourbillon de feu, emportée sur les aîles de la charité, elle

---

(1) Cant. 8, ℣. 5. *Quæ est ista, quæ ascendit de deserto, deliciis affluens?*

s'envole vers les tabernacles du Seigneur. Des millions d'esprits célestes l'accompagnent et font retentir les airs de cantiques de joie. Les Prophètes, les Patriarches, les Apôtres, les Martyrs, les Pontifes, les Vierges, les Pénitens, toute la cour céleste s'empressent d'honorer ce triomphe. Quelle est cette fille chérie du ciel? A cet éclat, à cette pompe ne reconnoissez-vous pas la Reine de l'univers, la médiatrice des hommes, la fille du Très-Haut, l'épouse du Saint-Esprit, la mère du Sauveur, ne reconnoissez-vous pas Marie? *Ouvrez - vous, portes éternelles, ouvrez-vous* (1). O Dieu! le ravissant spectacle!... Tandis que nous parlons, Marie entre dans les cieux, et s'élevant au-dessus de toutes les intelligences, toute brillante d'une splendeur immortelle, elle arrive au trône de l'Éternel; Jésus-Christ même la reçoit (2); et, au milieu des applaudissemens de tous les habitans de la Sainte Jérusalem, il ceint son front d'un diadême, il met le sceptre dans ses mains,

____

(1) Ps. 23, ℣. 7 et 9. *Attollite portas Principes vestras, et elevamini portæ æternales.*

(2) Cant. 4, ℣. 8. *Veni.... sponsa mea, veni de Libano, veni, coronaberis.*

et la place à sa droite (1), au-dessus de toutes les Principautés et de toutes les Puissances. C'est ainsi que Marie triomphante du tombeau, fut élevée au ciel.

Comment cette Vierge auguste a-t-elle mérité la gloire d'une si haute élévation? **La seule Sainteté de Marie est la véritable cause de son triomphe : Sainteté pleine et entière, Sainteté sublime et relevée, Sainteté durable et constante ; voilà le sujet de ce discours.**

Je vais donc parler de la mère de Dieu et du plus glorieux de ses Mystères ; j'en parle dans un jour, que la piété des Rois a rendu solemnel ; dans un jour, que la naissance de notre auguste Empereur, la fête de son Patron, le Concordat avec le Saint-Siège, ont fait appeller très-célèbre ; dans un jour, où l'on voit les Magistrats, les Chefs des armées, ceux qui tiennent parmi nous le premier rang, et qui occupent les premières dignités, paroître devant les autels du Très-Haut, et lui rendre un hommage particulier.

---

(1) Reg. L. 3, cap. 2, ♀. 19. *Positus est thronus matri Regis, quæ sedit ad dexteram ejus.* — Ps. 44, ♀. 10. *Astitit Regina à dextris tuis.*

Veni, coronaberis.

Venez, et vous serez couronnée. Cant. 4, ℣. 8.

Avoir suivi tous les mouvemens de la grace qui agissoit en elle, sans y apporter la moindre résistance ; avoir répondu exactement et constamment à toutes les inspirations qu'elle recevoit de Dieu ; avoir accompli avec la plus entière fidélité tous les desseins que Dieu avoit formés sur elle ; n'être jamais sortie des voies de cette Providence supérieure qui la gouvernoit ; s'être fait une loi des volontés de Dieu les plus parfaites ; s'être dévouée sans exception à Dieu, dans les plus rigoureux sacrifices qui devoient être, et qui ont été les épreuves de sa vertu ; avoir sanctifié sa vie par un continuel exercice de cette obéissance ; avoir rendu toutes ses actions, jusques aux plus petites, précieuses devant Dieu, par le mérite de cette soumission ; et ne s'être jamais rallentie un seul moment, jamais relâchée de sa première ferveur ; toujours attentive à ce que l'esprit de Dieu lui suggéroit, toujours unie de cœur à Dieu, toujours dépendante de Dieu ; voilà ce que Dieu a couronné et glorifié en Marie. (1)

Plus on considère la vie de la Sainte Vierge sur la terre, plus on y découvre une suite non interrompue des plus éminentes vertus. Aucune créature n'avoit jusques-là reçu du ciel des titres plus illustres et plus sublimes que cette fille de Juda. Issue de tant de Princes, qui donnèrent des lois à Juda dans les jours de sa gloire ; fille de tant de puissans et victorieux Monarques ; pauvre cependant et méprisée dans la terre, où ses pères avoient regné, Marie ne conserva que des droits oubliés et méconnus, qu'une noblesse obscurcie par l'indigence. Mais le privilège de la grace avoit en elle prévenu celui de sa naissance ; elle étoit Vierge dans sa fécondité ; enfin l'auguste qualité de mère de Dieu réhaussoit en elle tous les autres titres qu'elle tenoit de sa naissance : et cependant l'excellence de cette prérogative fut toujours cachée sous une vie simple et commune ; l'élévation de sa dignité et le nom auguste de mère de Dieu fut voilé par l'humanité que son fils avoit

______

(1) Bourdaloue, premier Serm. sur l'Assomption.

prise ; la Judée la regarde simplement comme la mère de Jésus de Nazareth ; rien ne la distingue des autres mères de Juda ; elle laisse les hommes dans l'ignorance des merveilles que le Seigneur avoit opérées en elle ; elle souffre la privation de toutes les grandeurs, c'est-à-dire de la plus haute gloire qui puisse être communiquée à une pure créature : elle porte ce dépouillement avec joie : il ne lui échappe rien qui puisse trahir le secret de son humilité ; et ravie de vivre dans cette privation , elle souhaite seulement que la gloire de son fils soit connue, et son Royaume établi sur la terre ; non, elle ne pense point qu'elle est mère d'un Dieu…. Je me trompe ; elle ne l'ignore que lorsqu'il s'agit de partager les honneurs de son fils ; elle ne l'ignore point, lorsque l'occasion se présente de partager ses opprobres et ses humiliations. Lorsqu'il instruit les peuples, lorsqu'il remplit la Judée du bruit de ses miracles, lorsqu'il entre triomphant dans Jérusalem, Jésus paroît seul ; vous diriez que sa mère le fuit, il la retrouvera au Calvaire : l'humilité de Marie ne lui permet, ni de se livrer au spectacle trop flatteur d'un fils dans l'éclat et dans la gloire, ni de se refuser au spectacle douloureux d'un fils dans l'abaissement et dans la disgrace. Marie fut destinée à confondre nos égaremens et nos illusions, sur ce que nous appellons bonheur et malheur, prospérité et adversité, gloire et humiliation. C'est qu'en les refusant à l'objet de son tendre amour, Dieu se proposoit de nous faire connoître le vuide de ces biens que nous recherchons avec tant d'avidité ; que nous recevons avec tant d'épanchemens de joie et de plaisir ; que nous' regrettons par tant de soupirs et de larmes. Cette Vierge admirable ne connut point les erreurs qui nous jouent ; ces ennuis qui nous abattent ; ces difficultés qui nous rebutent ; ces désirs de la cupidité qui nous inquiètent et qui nous troublent ; ces tempêtes qui nous agitent et qui nous font chanceler ; ces orages soudains et violens qui ébranlent souvent jusques aux colonnes du ciel, et qui déracinent jusques aux cédres du Liban ; elle ne connut ni les nuages de notre raison, ni la fougue de nos cupidités. Toujours soumise sur la terre, et dans toutes les circonstances de sa vie mortelle, elle avoit toujours respecté cette voie de dépendance, comme celle par où la grace vouloit la conduire : tantôt vivant dans une soumission entière aux volontés de Joseph ; tantôt attachée aux ordres et à la destinée de son fils ; tantôt confiée au Disciple bien-aimé, et le regardant comme le maître de ses actions et l'arbitre de sa conduite.

N'attendez pas, mes Frères, que j'entreprenne de sonder la profondeur de cet abîme immense de toutes les graces ; je termine ce discours en vous retraçant quelques traits de son courage héroïque ; courage qui ne se démentit jamais dans les occasions les plus propres à faire trembler et pâlir la vertu la plus intrépide. Que fut Marie sur la terre, qu'une victime toujours mourante et qui semble ne prolonger ses jours que pour prolonger la durée de ses peines ? Une plaie n'est pas encore fermée, lorsqu'elle reçoit une blessure nouvelle et plus profonde ; à peine elle a quitté l'autel, on l'y rappelle pour un autre sacrifice : je ne parle point des soupçons qui parurent faire à sa gloire un mortel outrage ; Marie ne souffre point, quand elle est seule à souffrir. Mais son fils et son Dieu, naissant dans l'indigence et dans les pleurs, condamné à chercher un asile dans une terre étrangère, ne trouvant dans son ingrate et perfide patrie que des rebuts et des persécutions, enfin expirant sur la croix ; Marie appellée à recevoir les derniers soupirs de ce Dieu mourant, à voir couler jusques la dernière goutte de son sang ; quelle situation, grand Dieu ! oserai-je le dire ? si l'on pouvoit oublier la profondeur des Mystères de l'Homme-Dieu, ne sembleroit-il pas que vous exigez de la mère presqu'autant que du fils ? Vous voulez de Jésus son sang et sa vie ; vous voulez que Marie, témoin d'une scène si tragique, survive à son fils et à sa douleur ! et cependant, plongée, ainsi que l'avoit prédit le Prophète, dans cet océan de tristesse, soumise et fidèle, sans plaintes, sans murmures, Marie participe au calice d'amertume de son fils ; elle passe continuellement d'une vertu à une autre, d'un sacrifice à un autre ; elle donne tout ce qu'on lui demande ; elle prévient tout ce qu'on peut lui demander. Que pouvoit donc faire Jésus-Christ de plus glorieux pour sa mère, que de la rendre, autant qu'il étoit possible, semblable à lui-même, et de donner à son triomphe les plus éclatans caractères du sien ?

Si la Sainteté de Marie est la véritable cause de son élévation, il n'y a que la Sainteté qui puisse nous rendre glorieux avec elle dans le ciel. Vains titres de grandeur, noms pompeux, naissance illustre, richesses, honneurs qui faites notre enchantement ici bas, vous n'êtes que des ombres et des fantômes : la Sainteté seule distingue l'homme au tribunal du suprême Arbitre. Joignons tous les avantages de la nature à ceux de la fortune, tous les dons de l'esprit à ceux du cœur, tout cela ne sert de rien devant Dieu ; et si nous ne sommes comme Marie, justes, humbles, chastes, charitables, attachés aux devoirs de la Religion et de notre état, si nous ne faisons servir toutes ces qualités à notre perfection, grandes devant les hommes, encore une fois elles ne seront d'aucun prix aux yeux du Juge éternel.

Seigneur ! quoiqu'en couronnant nos mérites, vous ne couronniez que vos dons, équitable dans vos récompenses, vous ne faites acception de personne, vous n'avez

égard qu'au degré des vertus ; c'est par - là
que Marie est élevée au-dessus de tous les
ordres des esprits bienheureux. Accordez-
nous, Seigneur ! le puissant secours de votre
grace, et nous marcherons sur les traces de
cette Vierge incomparable.

Vierge Sainte ! dans ce haut degré d'élévation et de grandeur, où vous ont placée vos
vertus et vos mérites, pourriez-vous nous
oublier et méconnoître vos enfans d'adop-
tion ? Vous vous rappellerez toujours que
vous êtes notre mère, et une mère tendre et
une mère de miséricorde. En tout temps vous
fûtes notre salut, notre consolation, notre
vie. Mais puisque c'est en ce jour qu'un de
nos Rois (1) vous a dévoué sa personne,
son Royaume et ses sujets, exemple mémorable, imité par le grand *Napoléon*, c'est en
ce beau jour, que comme pécheurs, comme
Chrétiens, et surtout comme Français, nous
avons un droit particulier de compter sur
votre protection puissante.

Faites-la sentir cette protection au grand

______

(1) Louis XIII.

Monarque, qui nous gouverne; obtenez pour lui de votre Divin Fils, qu'il ne cesse de lui inspirer cet esprit de piété et de justice, qui est le ferme soutien du trône et de la Religion; afin que comme il est par son autorité Souveraine le maître de ses sujets, il en soit l'amour par sa bonté, l'exemple par ses vertus, le père par sa tendresse.

Faites-là sentir cette protection à l'auguste Princesse que des nœuds inviolables ont associée à notre immortel Empereur; qu'elle soit fidèle imitatrice de vos éminentes vertus.

Faites-la sentir cette protection à ce jeune Prince, à cet illustre rejetton, qui sert aujourd'hui d'appui à nos espérances; qu'il croisse en toute sorte de dons et de bonheur!

Enfin, faites-la sentir cette protection à tout l'Empire Français, spécialement dévoué à votre culte.

DOMINE, SALVUM FAC IMPERATOREM NAPOLEONEM!

On trouve aussi chez A. B. Stéven *les ouvrages suivans :*

1.º Recueil d'Antiquités Romaines et Gauloises, trouvées dans la Flandre proprement dite, avec désignation des lieux où elles ont été découvertes, par *M. J. de Bast*, Chanoine de la Cathédrale et Curé de St.-Nicolas à Gand, membre de plusieurs Académies. Nouvelle édition, augmentée de deux tiers par l'Auteur, avec trois cents gravures, et enrichie de remarques historiques et critiques sur plusieurs points intéressans de la période Romaine et du moyen âge. In-4.to

2.º Premier Supplément au Recueil d'Antiquités Romaines et Gauloises, par *M. J. de Bast*, etc. etc., en réponse à l'ouvrage intitulé: la Topographie de l'ancienne ville de Gand, par M.r *Charles - Louis Diericx*, ci-devant Conseiller pensionnaire de la ville de Gand, actuellement membre du Corps électoral et du Conseil général du Département de l'Escaut, et Directeur du Jardin des plantes de ladite ville. In-4.to

3.º Le second Supplément, contenant la description de l'ancienne ville de Bavai et de Famars, avec figures, par le même Auteur, dont le prospectus vient de paroître, sera incessamment mis sous presse. In-4.to

4.º Meditatien op den lydenden en stervenden Jesus, uytgesproken in de Kerk van St. Nicolaes tot Gend, ten tyde van den Vasten; twee deelen in groot 8.vo, door den zelven.

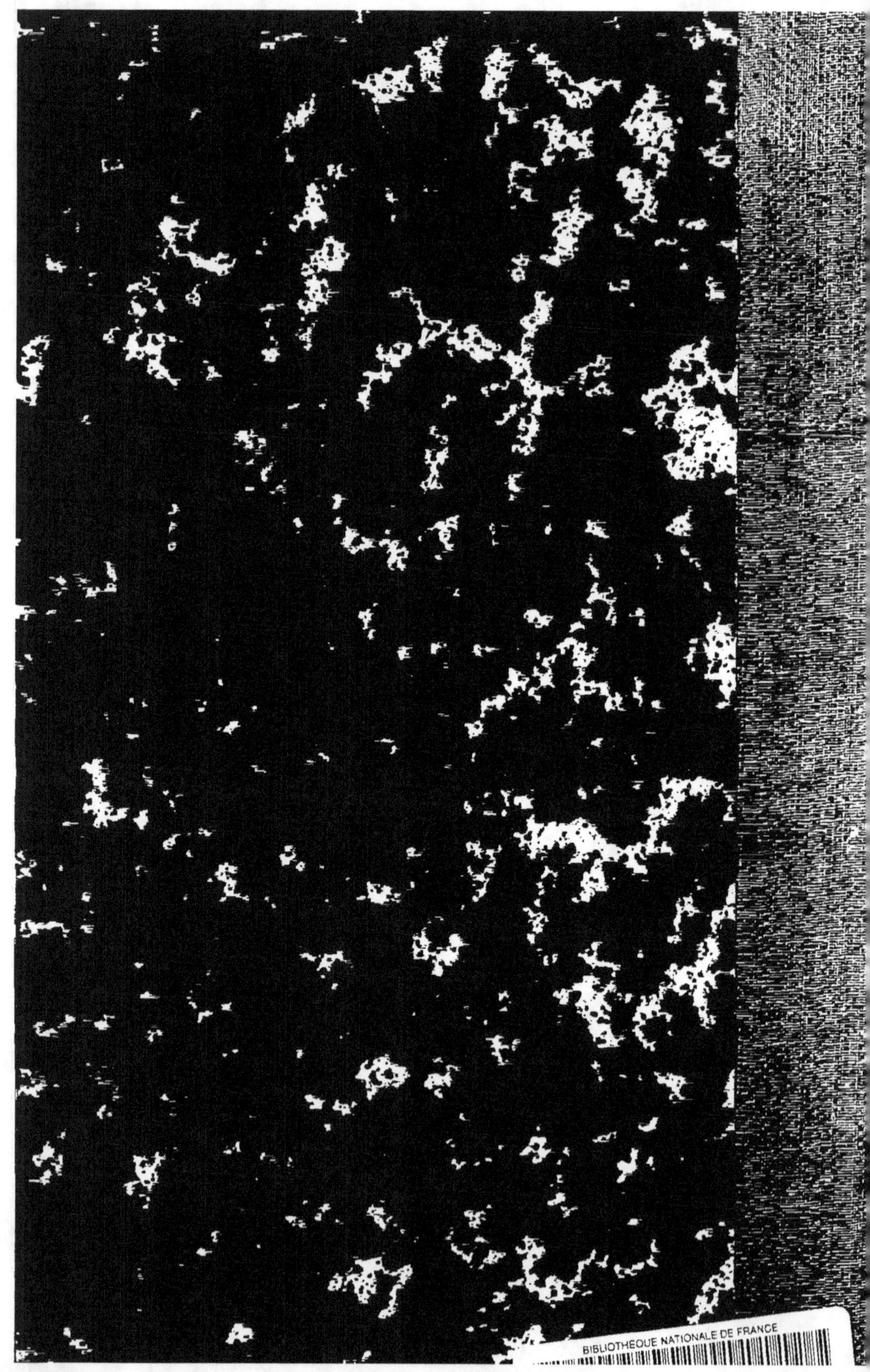